Learning German through
a detective story for Ge
(for intermediate a

3rd edition, June 1st, 2014
All text & illustrations by André Klein, except cover illustration from *Nordisk familjebok* (1876-1937) (PD) via Wikimedia Commons
First published on August 4th, 2012 as Kindle Edition
First paperback edition published on September 30th, 2012
ISBN-10: 1479386197
ISBN-13: 978-1479386192

learnoutlive.com

Table of Contents

Introduction

In German, detective stories are called Krimis. One of the most famous German Krimis is perhaps the TV-series Tatort which means crime scene and has been running since 1970 on television channels in Austria, Switzerland and Germany.

Watching the weekly Tatort has become an almost iconic activity in everyday German culture. Each Sunday at 8:15pm, shortly after the evening news, millions are flocking to the screen to solve fresh crimes and mysteries.

This book is a detective story especially written for German learners. Not only does it invite readers to help solve a crime but also to pick up important Krimi vocabulary that can serve as a preparation for watching series such as Tatort and many others in the original.

Each chapter contains a selection of relevant words translated into English, and is followed by questions regarding the content. (The correct answers can be found at the end of the book.)

While the writing itself primarily aims at an entertaining and interactive experience, the language is specially designed to familiarize the reader with unique forms of spoken German, with an emphasis on idioms and colloquial speech.

This Book Contains:

- a page-turning detective story crammed with humor and suspense
- hand-drawn illustrations by the author
- special emphasis on idioms and natural everyday German
- vocabulary sections with difficult and essential words translated to English
- exercises for comprehension training

How To Read This Book

Before we start, we should note that there will be unknown words in the following story and that there are, in fact, various ways to deal with this very common problem for language learners of all ages and stages.

Perhaps the best advice can be found in the words of Roald Dahl that appear in his children's novel *Matilda: "And don't worry about the bits you can't understand. Sit back and allow the words to wash around you, like music."*

Some readers will be content with this more intuitive approach while others feel they need to know each word in a sentence before they advance to the next.

There are two ways to satisfy these needs directly, without ever having to leave the text itself.

1. As already pointed out above, important or difficult words are appended to each chapter with an English translation.

2. For some readers this special selection will not be enough. In that case, navigating to a digital dictionary such as **dict.cc** on your computer or mobile device can be a very convenient support.

1. Der Spaziergang

~

Ein kühler Wind blies über den Strand. Das Lagerfeuer war erloschen. Die Glut glimmte in der Dämmerung.

Oskar stocherte mit einem Ast in der Asche und sagte: „Wo sind die anderen alle?“

„Keine Ahnung“, antwortete Maria und zitterte auf ihrem Handtuch.

„Ist dir kalt?“, fragte Oskar und zog seinen Pullover aus.

„Danke“, sagte Maria, legte den Pullover über ihre Schultern und stand auf.

Oskar nahm ihre Hand und sie liefen zum Ufer.

Das kalte Wasser umspülte ihre nackten Füße. Die untergehende Sonne tauchte das Meer in tiefrote Schimmer.

„Weißt du“, sagte Maria. „Ich mag dich sehr ...“

Oskar starrte auf das Glitzern der Wellen und spürte ihren Blick an seinem Nacken.

Sie fühlte seinen Puls in ihrer Hand, als er sagte: „Ich dich auch ...“

Die Wellen rauschten über den Sand und ihre Füße glitten durch das Wasser. Zwischen zwei Schritten ließ er ihre Hand los und umfasste ihre Taille. Sie hielt an. Sein Herzschlag ging ihm bis zu den Ohren. Er näherte seinen Kopf ihren Schultern und roch den Duft ihrer Haare. Sie legte ihre Hände auf seine Arme und schloss die Augen. Als seine Lippen ihre Lippen berührten schrie sie mit hoher Stimme: „Iiiih!“

Oskar sprang einen Schritt zurück und stammelte: „Was ... was ist?“

„Da war irgendwas!“, sagte sie und zeigte auf das

dunkle Wasser um ihre Füße.

Oskar lachte und sagte: „Was denn? Eine Qualle?"

„Nein", sagte sie und packte seinen Arm. „Da!"

Oskar bückte sich und suchte mit den Händen im Wasser. „Das war bestimmt nur ein Fisch", sagte er.

„Nein", sagte sie. „Such weiter!"

Als seine Finger unter Wasser fünf kalten Fingern begegneten, schrie er lauter als die Brandung aller Wellen der Nordsee zusammen.

~

kühl: cool, **blasen**: to blow, **Strand** (m): beach, **Lagerfeuer** (n): camp fire, **erloschen**: extinguished/gone out (fire), **glimmen**: to smoulder, **Dämmerung** (f): dusk/dawn, **stochern**: to rake/poke, **Asche** (f): ash, ***Keine Ahnung***: *I have no clue*, **zittern**: to shiver, **Handtuch**: bathing towel, **ausziehen**: take off, **aufstehen**: to get up, **Ufer** (n): shore, **umspülen**: flowing around, **nackt**: naked, **Fuß** (m): foot, **untergehende Sonne** (f): setting sun, **tauchen**: to dive/dip, **tiefrot**: deep red, **Schimmer** (m): shimmer, **starren**: to stare, **Glitzern** (m): glistening, **Nacken** (m): nape, **Puls** (m): pulse, **Welle** (f): wave, **rauschen**: to rush, **gleiten**: to glide, **zwischen**: between, **Schritt** (m): step, **loslassen**: to let go, **umfassen**: to clasp, **Taille** (f): waist, **Herzschlag** (m): heart beat, **nähern**: to approach, **riechen**: to smell, **Duft** (m): scent, **schließen**: to close, **Stimme** (f): voice, **stammeln**: to stammer, **irgend(et)was**: something, **zeigen**: to point, **Qualle** (f): jellyfish, **packen**: to grab, **bücken**: to bend down, **bestimmt**: certainly, **begegnen**: to meet, **Brandung** (f): surf, **Nordsee** (f): North Sea

Übung

1. Wo sind Oskar und Maria?

a) am Meer

b) am See

c) im Schwimmbad

2. Oskar will Maria küssen, aber ...

a) sie will nicht

b) sie schreit

c) er hört eine Explosion

3. Was findet Oskar im Wasser?

a) eine Qualle

b) einen Fisch

c) eine Hand

4. Welcher Satz ist korrekt?

a) Die Sonne ist untergegangen.

b) Die Sonne ist gegangen unter.

c) Die Sonne gegangen ist unter.

2. Nacht am Pool

~

Kommissar Baumgartner lag auf einem Liegestuhl und rauchte eine Zigarette. Es war Juli und er trug einen Pullover.

Der Pool leuchtete blau im Dunkel. In der Ferne hörte er das Meeresrauschen. Die Eiswürfel in seinem Glas klirrten. Er seufzte und nippte einen Schluck Whisky, als sein Handy klingelte.

Aufgeschreckt aus dem ruhigen Moment mit sich selbst schüttete er den Whisky über seinen Pullover und begann nach dem Handy zu suchen. Als er es endlich unter einem Berg von Zeitungen und Handtüchern fand, blickte er auf das Display und sah: „Momsen“, aber er drückte sie nicht weg, sondern nahm den Anruf an.

Mit der einen Hand hielt er das Handy an sein Ohr, mit der anderen tupfte er mit einem Handtuch auf den Whiskyflecken herum.

„Harald?“, hörte er eine Stimme sagen.

„Scheiße!“, sagte er. Der kalte Whisky war durch den Pullover gesickert und lief über seine Haut.

„Ja mir geht es gut, danke. Und dir?“, sagte Kommissarin Katharina Momsen.

Harald schnaubte und sagte: „Ich bin im Urlaub, Katharina.“ Das feuchte Handtuch warf er auf den Boden.

„Ja, ich weiß“, sagte sie. „Bist du in der Nähe vom Strand?“

„Das Hotel ist in den Dünen. Aber mein Zimmer schaut auf den Parkplatz“, sagte er. „Du weißt ja, was ich verdiene.“

„Geh mal runter zum Strand“, sagte sie. „Sie haben

etwas gefunden."

„Was?", fragte er.

„Das ist nicht so leicht zu sagen. Grabowski ist schon unterwegs."

„Und wo?", fragte er.

„Am alten Yachthafen", sagte sie. „Ich komme morgen nach."

Harald Baumgartner murmelte Flüche, deren Sinn seiner Kollegin entging, und beendete das Gespräch.

~

Liegestuhl: deck chair, **leuchten**: glow, **Ferne** (f): distance, **Meeresrauschen** (n): sound of the sea, **Eiswürfel** (m): ice cube, **klirren**: to clink, **seufzen**: to sigh, **nippen**: to nip, **Schluck** (m): sip, **klingeln**: to ring, **aufgeschreckt**: startled, ***Moment mit sich selbst***: *moment with himself*, **schütten**: to pour, **blicken**: to glance, **wegdrücken**: to cancel an incoming call (literally: to push away), **annehmen**: to accept (a call), **tupfen**: to dab, **Fleck** (m): stain, **Scheiße** (f): shit, **sickern**: to seep, **Haut** (f): skin, **schnauben**: to snort, ***Ich bin im Urlaub***: *I'm on holiday*, **feucht**: moist, **werfen**: to throw, **Boden** (m): floor, **Nähe** (f): proximity, **Düne** (f): dune, **Parkplatz** (m): parking lot, **verdienen**: to earn, **runter**: down(wards), **unterwegs**: on the way, **Yachthafen** (m): marina, **nachkommen**: to follow, **murmeln**: to mumble, **Fluch** (m): curse, **deren**: whose, **Sinn** (m): meaning, **entgehen**: to evade, **beenden**: to close, **Gespräch**: call/conversation

Übung

1. Wo ist Kommisar Baumgartner?

a) am Pool

b) am Strand

c) am Bahnhof

2. Wer ruft Baumgartner auf dem Handy an?

a) seine Mutter

b) seine Tochter

c) seine Kollegin

3. Warum flucht Baumgartner?

a) weil er den Whiskey verschüttet hat

b) weil er sich den Fuß gestoßen hat

c) weil er schlechte Laune hat

4. Welcher Satz ist *nicht* korrekt?

a) Er warf das Handtuch auf den Boden.

b) Auf den Boden warf er das Handtuch.

c) Das Handtuch warf er auf den Boden.

d) Er das Handtuch warf auf den Boden.

3. Eine Hand wäscht die andere

~

Schon von weitem sah Harald Baumgartner das Blitzlicht der Photographen von der Spurensicherung. Grabowski trug einen weißen Schutzanzug und kniete im Sand.

„Morgen“, sagte Harald Baumgartner.

„Ah, Herr Kommissar!“ rief Grabowski, ohne sich umzudrehen. „Schauen Sie sich das an! Sehr gut erhalten für eine Wasserleiche.“

„Ich sehe keine Leiche“, sagte Baumgartner und gähnte.

„Na hier!“, sagte Grabowski und zeigte in den Sand.

„Das ist eine Hand“, sagte Harald und schaute auf die Uhr.

„Ja“, sagte Grabowski. „Aber was für eine Hand?“

„Also wie eine Affenhand sieht es nicht aus“, sagte Harald.

„Sehr lustig“, sagte Grabowski. „Schauen Sie, die durchschnittliche Länge einer männlichen Hand beträgt 189mm vom Handwurzelknochen bis zu den distalen Phalangen, während die weibliche Variante nur 172mm misst.“

„Klartext?“, sagte Harald.

„Das ist eine Frauenhand“, sagte Grabowski. „Sehr sauber abgetrennt.“

„Wissen Sie ob die Leiche, ich meine, die Besitzerin der Hand schon tot war, bevor die Hand abgeschnitten wurde?“, fragte Kommissar Harald Baumgartner.

„Nein, das werde ich im Labor überprüfen. Aber

wir haben noch etwas gefunden“, sagte Grabowski und gab Harald ein transparentes Plastiktütchen.

„Ein Ring“, sagte Harald Baumgartner.

„Ein Ehering vielleicht“, sagte Grabowski. „Schauen Sie auf die Inschrift.“

„*Manus manum lavat*“, las Harald Baumgartner.

„*Eine Hand wäscht die andere.* Seneca“, sagte Grabowski.

„Das hätte ich auch selbst gewusst“, sagte Baumgartner und schaute auf die Uhr. „Und wer hat die Leiche, ich meine ... die Hand gefunden?“

„Zwei Zehntklässler“, sagte Grabowski und zeigte in die Dünen. „Hinten beim Einsatzwagen. Sagen Sie, Baumgartner, sind Sie nicht eigentlich im Urlaub?“

Kommissar Harald Baumgartner schnaubte und ging kopfschüttelnd in die Dünen.

~

von weitem: from afar, **Blitzlicht** (n): flashlight, **Spurensicherung** (f): forensics, **Schutzanzug** (m): protective suit, **knien**: to kneel, **sich umdrehen**: to turn around, **sehr gut erhalten**: well-preserved, **Wasserleiche** (f): drowned body (literally: water corpse), **Leiche** (f): corpse, **gähnen**: to yawn, ***Aber was für eine***: *but what kind of*, **Affenhand** (f): monkey hand, **durchschnittlich**: average, **Länge** (f): length, **Handwurzelknochen**: wristbone, **distale Phalangen**: (med) finger bones, **messen**: to measure, **Klartext**: in plain terms, **abgetrennt**: severed, **sauber**: clean, **Besitzerin** (f): owner, **abschneiden**: to cut off,

überprüfen: to verify, **Tütchen** (n) – diminuitiv of **Tüte** (f): bag, **Ehering** (m): wedding ring, **Inschrift** (f): inscription, ***Eine Hand wäscht die andere***: *One hand washes the other,* ***Das hätte ich auch selbst gewusst***: I would have known that myself, **Zehntklässler** (m): 10th grader, **Einsatzwagen** (m): police car, **kopfschüttelnd**: shaking one's head

Übung

1. Was zeigt Grabowski Baumgartner?

a) eine Hand

b) einen Arm

c) einen Kopf

2. Woher weiß Grabowski, dass es eine Frauenhand ist?

a) weil sie behaart ist

b) weil sie kurz ist

c) weil sie lackierte Fingernägel hat

3. Was hat Grabowski am Finger der Hand gefunden?

a) einen Ring mit einer Inschrift

b) eine Wunde

c) einen Ring ohne Inschrift

4. Was bedeutet der Satz „Eine Hand wäscht die andere“ ?

a) Hände waschen ist gut für die Hygiene

b) Menschen mit schmutzigen Händen sind anders

c) „Ich helfe dir, du hilfst mir“

4. Urlaub im Büro

~

„Morgen", sagte Kommissarin Katharina Momsen und betrat das Büro. Auf einem Stuhl hing ein fleckiger Pullover, in der Ecke standen ein Paar Schuhe und Harald Baumgartner lag mit dem Kopf auf der Tischplatte.

Als die Tür ins Schloss fiel, hob Harald Baumgartner seinen Kopf und blinzelte. Dann stützte er sich mit den Armen auf dem Tisch ab und ließ sich nach hinten in seinen Stuhl fallen.

„Du siehst schlecht aus", sagte Kommissarin Katharina Momsen.

„Danke für das Kompliment", sagte Baumgartner und gähnte.

Katharina Momsen füllte die Kaffeemaschine mit Wasser und sagte: „Das tut mir echt leid ... mit deinem Urlaub."

Baumgartner antwortete nicht. Er lief barfuß durch das Büro und rieb sich die Augen. Vor einem Spiegel versuchte er seine Haare zu glätten.

„Ich habe mit den Kids gesprochen", sagte er.

„Welche Kids?", sagte Katharina und füllte Kaffee in die Maschine.

„Die die Hand gefunden haben", sagte Baumgartner und ging zum Waschbecken.

„Und?", fragte Katharina.

„Die standen unter Schock", sagte er und wusch sich die Hände.

„Kaffee?", fragte Katharina.

Baumgartner trocknete sich die Hände und ging zu seiner Kollegin.

„Brandy wäre besser", sagte er.

„Im Dienst?“, fragte Kommissarin Katharina Momsen.

„Offiziell habe ich Urlaub“, sagte Baumgartner und seufzte.

~

betreten: to enter, **hängen**: to hang, **ein Paar** (n) **Schuhe**: a pair of shoes, **Tischplatte** (f): table top, **Tür** (f): door, **ins Schloss fallen**: to click shut, **heben**: to lift, **blinzeln**: to blink, **sich auf dem Tisch abstützen**: to support oneself on the table, **sich fallen lassen**: to let oneself fall, **Kompliment** (n): compliment, **füllen**: to fill, ***Das tut mir leid***: *I'm sorry about that*, **barfuß**: barefoot, **Büro** (n): office, **sich die Augen reiben**: to rub one's eyes, **Spiegel** (m): mirror, **glätten**: to straighten, **unter Schock stehen**: to be in shock, **Waschbecken** (n): wash basin, **sich die Hände trocknen**: to dry one's hands, **im Dienst**: on duty

Übung

1. Was macht Baumgartner in seinem Büro?

a) er arbeitet

b) er schläft

c) er telefoniert

2. Welche Schuhe trägt Baumgartner?

a) Sportschuhe

b) Lackschuhe

c) keine, er ist barfuß

3. Was hat Baumgartner von den Jugendlichen erfahren?

a) sie haben einen Mann gesehen

b) nichts, sie standen unter Schock

c) sie haben ein Licht gesehen

4. Welcher Satz ist korrekt?

a) Er wusch und trocknete sich die Hände

b) Die Hände wusch und trocknete sich er.

c) Sich die Hände wusch und trocknete er.

5. Formaldehyd am Morgen

~

Baumgartner öffnete die Tür zur Gerichtsmedizin. Er hasste den Geruch von Formaldehyd am Morgen, besonders auf leeren Magen.

Grabowski stand über den Seziertisch gebeugt und rief: „Einen wunderschönen Guten Morgen, Herr Kollege!“

Baumgartner verdrehte die Augen und machte ein

paar Schritte auf den Tisch zu, auf dem die Hand in gleißendem Neonlicht lag.

„Die sieht noch so frisch aus ...“, sagte er.

„Ist sie auch, quasi“, sagte Grabowski, nahm die Hand auf und streckte sie Baumgartner entgegen. „Sehen Sie mal wie sauber das abgetrennt ist, wie aus dem Lehrbuch“, sagte er. „Mit dem Küchenmesser wurde das jedenfalls nicht gemacht.“

Baumgartner machte einen Schritt zurück und sagte: „Und die Todeszeit?“

Grabowski hielt die Hand unter eine Lampe und sagte: „Nicht mehr als 8 Stunden. Aber wissen Sie was seltsam ist?“

„Ich nehme an, Sie werden es mir gleich sagen ...“, sagte Baumgartner.

„Die Eigentümerin der Hand war noch lebendig, als man sie abgeschnitten hat“, sagte Grabowski und legte die Hand wieder auf den Tisch.

„Irgendwelche Spuren von Betäubungsmitteln?“, fragte Baumgartner.

„Ich habe eine Menge Chloroform im Blut gefunden“, sagte Grabowski.

„Chloroform?“, fragte Baumgartner.

„Ja“, sagte Grabowski und zog die Latexhandschuhe aus. „Das Zeug ist hochgradig toxisch und geht auf die inneren Organe."

„Ich dachte man benutzt das nicht mehr heutzutage", fragte Baumgartner.

„Tut man auch nicht, zumindest nicht offiziell", sagte Grabowski und warf seine Handschuhe in einen Mülleimer.

„Haben Sie schon eine DNA-Analyse gemacht?", fragte Baumgartner.

„Ich arbeite dran", sagte Grabowski.

~

Gerichtsmedizin (f): forensic medicine, **hassen**: to hate, **Formaldehyd** (n): formaldehyde, ***auf leeren Magen***: *on an empty stomach*, **Seziertisch** (m): dissecting table, ***die Augen verdrehen***: *to roll one's eyes*, gleißend: blazing, **quasi**: more or less, **jdm. etw. entgegenstrecken**: to hold sth. out to / towards sb., **Lehrbuch** (n): textbook, **Küchenmesser** (n): kitchen knife, **Todeszeit** (f): time of death, **seltsam**: strange, **annehmen**: to suppose, **Eigentümerin** (f): owner (female), **lebendig**: alive, **Spur** (f): trace, **Betäubungsmittel**: anaesthetic, **eine Menge**: a good deal of, **Chloroform** (n): chloroform, **Latexhandschuhe** (pl): latex gloves, **Zeug** (n): stuff, **hochgradig**: to a high degree, **heutzutage**: nowadays, **zumindest**: at least, **offiziell**: officially, ***Ich arbeite dran***: *I'm working on it*

Übung

1. Wer arbeitet in der Gerichtsmedizin?

a) Grabowski

b) Baumgartner

c) Katharina Momsen

2. Was liegt auf dem Seziertisch?

a) eine Leiche

b) eine Hand

c) ein Fuß

3. Was hat Grabowski im Blut gefunden?

a) Chloroform

b) Aspirin

c) Schlafmittel

4. Welches der folgenden Wörter ist ein Synonym für *Besitzer*?

a) Eigentumer

b) Eigentümer

c) Eigentümmler

6. Die Hafenpolizei

~

Die Sonne schien. Der Himmel war blau. Aber es war kalt, viel zu kalt für Juli. Baumgartner lief über den Strand in Richtung des alten Yachthafens.

Vor zwanzig Jahren war dieser Hafen voll von Luxusyachten aus der ganzen Welt gewesen. Hier hatte man Kaviar zum Frühstück gegessen und mit Champagner heruntergespült.

Alles was nun davon übrig war, waren ein paar alte Stege und morsche Planken. Anstelle von Yachten ankerte ein einsames Segelboot mit verkratzten Rumpf.

Baumgartner lief ein paar Schritte über den Steg und betrachtete das Boot. Die Namensplakette war übermalt. Die ersten beiden Buchstaben und der letzte waren noch zu erkennen „*AG ... E*". Er berührte den Rumpf mit einer Hand und die Farbe bröckelte ins Meer. Die Farbe über der Plakette hingegen war noch frisch.

„Hey, Sie!", hörte er eine tiefe Stimme rufen.

Baumgartner drehte sich um. Hinter ihm stand ein Mann mit einem Dreitagebart und einer zerschlissenen Kapitänsmütze.

„Sieht ganz schön mitgenommen aus", sagte Baumgartner und zeigte auf das Boot.

„Sind Sie von der Polizei?", fragte der Mann.

Baumgartner nickte.

„Ich weiß, ich liege im Ankerverbot", sagte der Mann. „In zwei Tagen bin ich weg, versprochen."

Kommissar Harald Baumgartner lachte und sagte: „Ich bin nicht von der Hafenpolizei."

Der Mann runzelte die Stirn und sagte: „Von welcher denn sonst?"

„Kripo, Mordkommission", sagte Baumgartner und zeigte ihm seinen Ausweis.

„Kripo?", sagte der Mann.

„Sagen Sie, Herr ...", sagte Baumgartner.

„Ka ... Kruse", sagte der Mann.

„Waren Sie gestern Abend hier bei Ihrem Boot, Herr Kruse?", fragte Baumgartner.

„Ja, natürlich", sagte der Mann und zuckte mit den Schultern. „Das ist mein Hauptwohnsitz."

„Was machen Sie denn beruflich?", fragte Baumgartner.

„Ich hatte eine kleine Firma in Griechenland. Pleite gegangen", sagte Herr Kruse und zeigte auf sein Boot. „Das ist das einzige, was übrig geblieben ist."

„Haben Sie irgendetwas Ungewöhnliches bemerkt in der Nacht?", fragte Baumgartner.

„Ungewöhnliches?", fragte der Mann. „Nein, eigentlich nicht, aber da war eine Gruppe von Jugendlichen am Strand. Was ist denn passiert?"

„Wir haben eine ...", sagte Baumgartner als sein Handy klingelte. „Entschuldigung", sagte er zu Herrn Kruse und nahm den Anruf an. „Ja, Katharina! Was?

Okay. Ich komme sofort."

~

Luxusyacht (f): luxury yacht, **herunterspülen**: to rinse down, **Steg** (m): jetty, **morsch**: rotten (wood), **Planke** (f): plank, **ankern**: to anchor, **anstelle von**: in place of, **Segelboot** (n): sailboat, **einsam**: lonely, **verkratzt**: scratched, **betrachten**: to observe, **Namensplakette** (f): name plate, **übermalt**: painted over, **Buchstabe** (m): letter, **Rumpf** (m): hull, **bröckeln**: to crumble, **hingegen**: however, **Dreitagebart** (m): three-day beard, **zerschlissen**: tatty, **Kapitänsmütze** (f): captain's hat, ***sieht ganz schön mitgenommen aus***: *looks pretty worse for wear*, **Ankerverbot** (n): area where it's prohibited to anchor, **versprochen**: promised, **Hafenpolizei**: harbour police, **die Stirn runzeln**: to furrow one's brow, **Hauptwohnsitz** (m): primary residence, **beruflich**: occupationally, **Pleite gehen**: to go bankrupt, **übrigbleiben**: to be left, **ungewöhnlich**: unusual, **Jugendliche** (pl): youths

Übung

1. Wie viele Schiffe ankern im Hafen?

a) zwei

b) eins

c) drei

2. In welchem Zustand ist der Hafen?

a) gut

b) mittel

c) schlecht

3. Wo war der Mann zur Tatzeit?

a) im Hotel

b) auf seinem Boot

c) im Kino

4. Was bedeutet *Pleite gehen*?

a) Bankrott

b) Aufschwung

c) Stillstand

7. Der Körper

~

Grabowski kniete vor einem blauen Müllsack im hohen Gras.

„Sind Sie sicher, dass das der Körper ist?", fragte Kommissarin Katharina Momsen.

„Die linke Hand fehlt", sagte Grabowksi. „Ich glaube nicht, dass das ein Zufall ist. Ah, und es fehlt noch was ..."

„Was denn?“, rief Kommissar Harald Baumgartner, als er den Deich herunterstieg.

„Der Kopf“, sagte Grabowski und tippte sich an den Schädel.

Katharina Momsen wandte ihren Blick von dem Müllsack ab und schaute zum Meer.

„Und wer hat den Körper gefunden?“, fragte Baumgartner.

„Eine Spaziergängerin“, antwortete Katharina Momsen ohne sich umzudrehen.

„Ihr Hund hat den Sack aus dem Gras gezogen“, sagte Grabowski.

„Und jetzt?“, fragte Baumgartner.

„Zuerst brauchen wir einen DNA-Abgleich, damit wir wissen ob Hand und Körper zusammengehören“, sagte Katharina Momsen.

„Apropos DNA-Abgleich“, sagte Baumgartner. „Haben Sie etwas in der Vermisstenkartei gefunden?“

Grabowski schüttelte den Kopf und sagte: „Nein, keine Übereinstimmung, aber bei einigen älteren Fällen wurde keine DNA-Probe aufgenommen.“

„Vielleicht ist die Leiche gar nicht von hier“, sagte Baumgartner.

„Oder sie wird nicht vermisst“, sagte Katharina.

Als Baumgartner mit Katharina den Deich hinauflief, fragte er: „Hast du etwas über den Ring herausgefunden?"

Katharina nickte und sagte: „Ja, er wurde mit einer alten Graviermaschine aus den 70er Jahren bearbeitet. In Deutschland gibt es nur noch eine Goldschmiede, die diese Maschine benutzt, und sie ist ganz in der Nähe von uns."

„Was für ein Zufall", sagte Baumgartner.

„Sieht ganz so aus", sagte Katharina.

~

Müllsack (m): trash bag, **fehlen**: to be missing, **Zufall** (m): coincidence, **Deich** (m): dike, **tippen**: to tap, **Schädel** (m): skull, **abwenden**: turn away, **Blick** (m): gaze, **Spaziergänger** (m): walker, **ziehen**: to pull, **DNA-Abgleich**: DNA comparison, **Vermisstenkartei** (f): database of missing people, **Übereinstimmung** (f): match, **DNA-Probe**: DNA sample, **hinauflaufen**: to walk up, **Graviermaschine** (f): engraving machine, **Goldschmiede** (f): gold smith (shop), ***sieht ganz so aus***: *looks that way, doesn't it?*

Übung

1. Wo sind die Kommissare?

a) an einem Deich

b) auf einem Dach

c) in der Heide

2. Was wurde im Gras gefunden?

a) ein Kopf ohne Augen

b) eine Hand ohne Finger

c) ein Körper ohne Kopf

3. Wer hat den Körper gefunden?

a) eine Spaziergängerin

b) ein Gemüseverkäufer

c) ein Fahrradfahrer

4. Was hat Katharina Momsen über die Inschrift des Rings herausgefunden?

a) sie wurde mit einer seltenen Graviermaschine gemacht

b) sie wurde mit einer modernen Graviermaschine gemacht

c) sie wurde mit der Hand gemacht

8. Der Goldschmied

~

Baumgartner öffnete die Tür und eine Glocke klingelte. Er betrat den kleinen Laden und schaute sich um. Die Auslagen waren mit rotem Samt ausgekleidet. Darauf ruhten unzählige Reihen von Ketten, Ringen und Uhren, die im Licht der Deckenstrahler glitzerten.

„Kundschaft!“ rief Baumgartner in Richtung der

Theke.

Bis auf das Ticken der Uhren herrschte absolute Stille.

„Hallo?“, rief Baumgartner.

Ein Vorhang hinter der Theke bewegte sich und ein Mann mit vollem schwarzen Bart trat hervor.

„Moin“, sagte er und kratzte sich am Kinn. „Was kann ich für Sie tun?“

„Ich möchte einen Ring gravieren lassen“, sagte Baumgartner.

„In Ordnung“, sagte der Goldschmied. „Jetzt gleich?“

„Wenn möglich“, sagte Baumgartner und legte den Ring auf die Theke.

Der Goldschmied setzte eine Uhrmacherlupe auf und inspizierte den Ring.

Er murmelte: „Manus manam lavat ...“

„Könnten Sie in demselben Stil noch etwas dazu gravieren?“, fragte Baumgartner.

„An sich schon ...“, sagte der Goldschmied. „Aber das ist ...“

„Was ist?“, fragte Baumgartner.

„Der Schriftsatz kommt mir bekannt vor ...“, sagte der Goldschmied. „Wo haben Sie den Ring her?“

„Kripo, Mordkommission", sagte Baumgartner und zeigte seinen Ausweis. „Dieser Ring wurde am Finger einer Leiche gefunden und es gibt starke Indizien, dass er hier bei Ihnen graviert wurde."

Der Goldschmied setzte die Uhrmacherlupe ab und schaute den Kommissar mit unverändertem Blick an: „So so ..."

„Können Sie sich daran erinnern Herr ...", sagte Baumgartner.

„Meinicke", sagte der Goldschmied. „Nein, ich erinnere mich nicht. Aber ich kann in den Akten gucken."

„Bitte", sagte Baumgartner.

Der Goldschmied verschwand hinter dem Vorhang. Wieder war es friedhofsstill bis auf das Ticken hunderter Uhren. Die Scheiben der Auslagen waren schon lange nicht mehr geputzt worden. Als er nach ein paar Minuten auf die Theke schaute, bemerkte er, dass der Ring verschwunden war.

Baumgartner sprang hinter die Theke und riss den Vorhang beiseite. Er stand in einer Art Lagerraum oder Labor. In der Mitte stand ein Tisch mit Metallgeräten. An den unverputzten Wänden stapelten sich Umzugskartons. Keine Spur von Herrn Meinicke.

Da sah Baumgartner, dass das Fenster offen stand.

~

Glocke (f): bell, **Laden** (m): shop, **sich umschauen**: to look around, **Auslagen** (pl): showcases, **mit Samt ausgekleidet**: lined with velvet, **ruhen**: to rest, **unzählig**: uncountable, **Reihe** (f): row, **Kette** (f): necklace, **Deckenstrahler** (m): downlight, **Kundschaft** (f): customer, **Theke** (f): counter, **Vorhang** (m): curtain, **Moin**: Hello, **kratzen**: to scratch, **Kinn** (n): chin, **gravieren**: to engrave, **in Ordnung**: alright, **jetzt gleich**: right now, **wenn möglich**: if possible, **Uhrmacherlupe** (f): watchmakers loupe, **inspizieren**: to inspect, **in demselben Stil**: in the same style, **an sich schon**: basically, yes, **Schriftsatz** (m): font, **unverändert**: unchanged, **Akten** (pl): files, **verschwinden**: to disappear, **friedhofsstill**: silent like on a cemetary, **Scheibe** (f): (window) pane, **reißen**: to tear, **Lagerraum** (m): storage room, **Labor** (n): laboratory, **Metallgerät** (n): metal device, **unverputzt**: unplastered, **stapeln**: to stack, **Umzugskarton** (m): moving box

Übung

1. Was sieht Baumgartner im Laden des Goldschmieds?

a) Ketten, Ringe und Pistolen

b) Ohrringe und Armreifen

c) Ketten, Ringe und Uhren

2. Erinnert der Goldschmied sich an den Ring mit Inschrift?

a) er sagt, der Ring kommt ihm bekannt vor

b) er sagt, er erinnert sich sehr gut

c) er sagt, er erinnert sich nicht

3. Warum springt Baumgartner über die Theke?

a) weil er einen Schuss hört

b) weil der Ring weg ist

c) weil er Angst hat

4. Was ist ein Synonym für *Akten*?

a) Aktien

b) Akne

c) Unterlagen

9. Vom Schwarzen Meer zur Nordsee

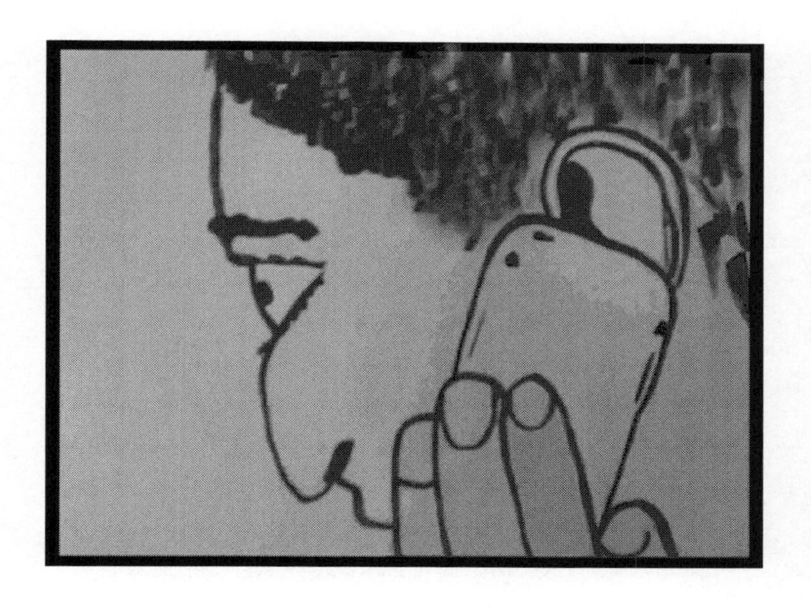

~

„Ja?“, sagte Katharina. „Er ist weg“, sagte Harald.

„Moment ...“, sagte Katharina. „Wer ist weg?“

„Meinicke, der Goldschmied“, sagte Harald.

„Komisch“, sagte Katharina. „Aber weißt du was

noch komischer ist?“

„Nein“, sagte Harald.

„Sie ist Ukrainerin“, sagte Katharina.

„Wer?“, fragte Harald.

„Na die Leiche“, sagte Katharina.

„Wir haben die DNA mit der internationalen Datenbank verglichen. Olga Ivanovich, 23, vor drei Wochen in Odessa als vermisst gemeldet“, sagte Katharina.

„Odessa?“, fragte Harald.

„Ukrainische Metropole am Schwarzen Meer?“

„Ich weiß wo Odessa ist“, schnaubte Harald. „Aber was macht die bei uns an der Nordsee?“

„Keine Ahnung“, sagte Katharina. „Ach ja, und den Kopf haben wir auch gefunden.“

„Und wieso sagt mir das keiner?“, fragte Harald.

„Ich sage es dir doch jetzt“, sagte Katharina.

„Okay, ich komme sofort“, sagte Baumgartner. „Und gib mal 'ne Fahndung raus wegen Meinicke!”

~

Datenbank (f): database, **vergleichen**: to compare, **melden**: to report, **eine Fahndung rausgeben**: to issue a manhunt

Übung

1. Was hat Kommissarin Momsen über die Leiche herausgefunden?

a) sie ist Ukrainerin

b) sie ist Russin

c) sie ist Chinesin

2. Wie hat sie das herausgefunden?

a) sie hat in der internationalen Datenbank nachgeschaut

b) sie hat eine Telefonnummer gefunden

c) sie hat einen Anruf bekommen

3. Welche anderen Neuigkeiten hat sie für Baumgartner?

a) man hat den Rucksack der Leiche gefunden

b) man hat den Vater der Leiche gefunden

c) man hat den Kopf der Leiche gefunden

4. Was bedeutet *„eine Fahndung rausgeben"*?

a) eine Annonce in die Zeitung setzen

b) eine spezielle Fahne installieren

c) gezielt nach einer Person suchen

10. Der Kopf

~

Es war dunkel. Grabowski und Kommissarin Katharina Momsen standen im Licht einer Straßenlaterne neben einem Müllcontainer und warteten auf Baumgartner.

„Achtung", sagte Grabowski und öffnete die Klappe. Ein fauliger Gestank stieg aus dem Container empor und Baumgartner sah ein Büschel von schmutzigen blonden Haaren inmitten von Fischresten und verfaultem Gemüse.

„Ist das ...", sagte Baumgartner.

„Olga?", sagte Katharina.

„Sieht ganz so aus", sagte Grabowski und ließ die Klappe des Containers zufallen. „Auch wieder sehr exakt abgetrennt. Das sind Profis."

„Wem gehört die Tonne?", fragte Harald.

„Einem Fischrestaurant", sagte Katharina

„Apropos, haben Sie schon zu Abend gegessen?", fragte Grabowski.

Harald und Katharina schauten sich an. „Mir ist der Appetit vergangen für heute", sagte Baumgartner.

„Mahlzeit, Herr Kollege", sagte Katharina zu Grabowski und ging ein paar Schritte mit Baumgartner die Straße entlang.

„Der Container sollte eigentlich heute Morgen geleert werden", sagte sie.

„Aber?", sagte Baumgartner.

„Die Müllabfuhr streikt", sagte sie.

„Schwein gehabt", sagte Baumgartner. „Sag mal, hast du noch mehr herausbekommen über diese Ivanovich?"

„Sie war die Verlobte eines gewissen Borislav Tarasov", sagte Katharina.

„Und?“, sagte Baumgartner und zündete sich eine Zigarette an.

„Ich wusste gar nicht, dass du rauchst“, sagte Katharina.

„Nur im Urlaub“, sagte Harald und blies Rauch in die Nacht.

Kommissarin Katharina Momsen drehte sich um und sah Grabowski mit beiden Händen im Container wühlen.

„Herr Borislav Tarasov ist eine mittelgroße Figur in Odessas Untergrund“, sagte Katharina.

„Untergrund?“, fragte Baumgartner.

„Mafia“, sagte Katharina. „Die haben so ziemlich überall ihre Finger im Spiel, von Waffen- und Drogenhandel bis hin zu Zwangsprostitution und Industriespionage.“

„Und Taratschov?“, fragte Harald.

„Tara-*sov*", sagte Katharina. "Er ist vergleichsweise ein kleiner Fisch. Offiziell ist er Geschäftsmann und kauft bankrotte Firmen in Griechenland.“

„Griechenland ...“, sagte Baumgartner, warf seine Zigarette auf den Boden und trat sie aus.

„Was ist?“, fragte Katharina.

„Nichts“, sagte Baumgartner und gähnte. „Mann,

bin ich müde ..."

Doch bevor er zu Ende gesprochen hatte, klingelte sein Telefon.

~

Straßenlaterne (f): street lamp, **Müllcontainer** (m): trash container, **Klappe** (f): hatch, **faulig**: rotten, **Gestank** (m): stink, **emporsteigen**: to rise up, **Büschel** (n): swatch (of hair), **Fischreste** (pl): fish remains, **Gemüse** (n): vegetables, ***mir ist der Appetit vergangen***: *my appetite is ruined*, ***Mahlzeit!***: *Enjoy your meal!*, **leeren**: to empty, **Müllabfuhr** (f): garbage removal, **streiken**: to be on strike, ***Schwein gehabt***: *dead lucky*, **Verlobte** (f): fiancée, **gewiss**: certain, **anzünden**: to light, **wühlen**: to rummage, **Untergrund** (m): underground, ***Die Finger im Spiel haben***: *to have a finger in the pie*, **Waffen** (pl): weapons, **Drogen** (pl): drugs, **Zwangsprostitution** (f): forced prostitution, **Industriespionage** (f): industrial espionage, **vergleichsweise**: comparatively, **Geschäftsmann** (m): business man, **austreten**: to stomp out

Übung

1. Wo wurde der Kopf gefunden?

a) in einer Mülltonne

b) in einem Papierkorb

c) in einem Postfach

2. Wer ist Borislav Tarasov?

a) ein Polizist

b) ein Arzt

c) der Verlobte der Leiche

3. Was macht Tarasov beruflich?

a) er ist Geschäftsmann

b) er ist Postbote

c) er ist Ingenieur

4. Was bedeutet *„Schwein haben“*?

a) Vegetarier sein

b) Schweinefarmer sein

c) Glück haben

11. Das Verhör

~

Kommissar Harald Baumgartner betrachtete Meinicke durch die Scheibe.

„Er ist einer Straßensperre ins Netz gegangen“, sagte Katharina.

„Gute Arbeit“, sagte Harald.

„Viel Glück“, sagte Kommissarin Katharina Momsen, als Baumgartner den Raum betrat.

„So sieht man sich wieder“, sagte Baumgartner, als er die Tür hinter sich geschlossen hatte.

„Ich bin unschuldig“, sagte der Goldschmied und schaute auf seine Hände.

„Ach ja? Und warum sind Sie dann geflohen?“, fragte Baumgartner und setzte sich auf einen Stuhl.

„Der Ring, ich ... das war alles zu viel für mich“, sagte Meinicke.

„Was ist mit dem Ring?“, fragte Baumgartner.

Meinicke schwieg und starrte auf seine Hände.

„Sie stehen unter dringendem Mordverdacht, Herr Meinicke“, sagte Kommissar Harald Baumgartner. „Wenn Sie wirklich unschuldig sind, dann sagen Sie mir, was es mit dem Ring auf sich hat!“

„Wenn ich es Ihnen sage, lassen Sie mich dann gehen?“, fragte der Goldschmied.

„Möglicherweise“, sagte Baumgartner.

Herr Meinicke seufzte und sagte: „Gut. Ich habe die Gravur für einen alten Freund gemacht.“

„Ist Ihr Freund zufällig aus der Ukraine?“, fragte Harald.

„Ukraine?“ sagte Herr Meinicke und schaute von seinen Händen auf. „Nein, wieso?“

„Ach, nichts“, sagte Baumgartner, stand auf und

lief um den Tisch herum. „Und wie heißt ihr Freund?“, fragte er.

„Alex“, sagte der Goldschmied. „Alex Mullweg.“

„Ja, das ist wirklich kein ukrainischer Name. Und Ihr Freund wollte einen Ring für seine Frau ...“, sagte Baumgartner.

„Nein!“, sagte der Goldschmied. „Das war zwischen uns.“

„Zwischen Ihnen?“, fragte Baumgartner. „Wie war denn Ihre Beziehung zu diesem Alex Mullweg?“

Meinicke seufzte und sagte: „Ich kenne ihn von der Hauptschule. Er hat sein Leben nie auf die Reihe gekriegt. Er saß lange Zeit im Knast wegen Körperverletzung. Kurz nachdem er wieder draußen war, hatte er einen Streit mit seiner Ex und hat zugeschlagen.“

„Und?“, sagte Baumgartner.

„Alex ist ein kräftiger Kerl. Sie war sofort tot. Ich war dabei und habe alles gesehen. Es gab keine Zeugen, außer mir. Also haben wir eine Abmachung gemacht.“

„Was für eine Abmachung?“ fragte Baumgartner.

„Dass wir nicht zur Polizei gehen. Ich war ja mitschuldig, weil ich nichts gesagt habe“, sagte der

Schmied. „Die Ringe waren eine Idee von ihm."

„Die Ringe?", fragte Baumgartner.

„Ja", sagte Herr Meinicke und zog etwas aus seiner Hosentasche. „Ich habe einen und er hat ... ich meine, hatte einen."

Der Goldschmied legte einen Ring auf die Tischplatte. Baumgartner nahm den Ring auf und fand die gleiche Inschrift.

„Interessant. Aber eine Sache verstehe ich nicht. Warum erzählen Sie mir das alles? Geht das nicht gegen Ihre Abmachung mit Mullweg?", fragte Baumgartner.

„Er hat sich erhängt. Der Druck war zu groß", sagte Meinicke und seufzte.

„Druck?", sagte Baumgartner.

„Das Schuldgefühl. Außerdem hatte er Stress mit der Russenmafia", sagte Meinicke.

„So so ...", sagte Baumgartner. „Russenmafia."

„Ich habe damit nichts zu tun, ich schwöre", sagte Meinicke. „Ich habe mir meinen Laden selber aufgebaut. Die kamen manchmal wegen Schutzgeld. Zuerst hat Alex mir geholfen, die loszuwerden, später hat er dann selber für die gearbeitet."

„Und Sie?", fragte Baumgartner.

„Ich habe weiter meinen Laden gemacht", sagte Meinicke.

„Das ist eine wirklich interessante Geschichte", sagte Baumgartner „Wir werden das überprüfen. Bis dahin behalten wir Sie hier."

„Glauben Sie mir nicht?", fragte Meinicke.

Kommissar Harald Baumgartner nahm den Ring vom Tisch und sagte: „Für mich zählen nur Beweise. Und der hier ist beschlagnahmt."

„Hey! Ich dachte, Sie lassen mich gehen!", rief Meinicke.

„Möglicherweise, habe ich gesagt", sagte Baumgartner und schloss die Tür.

~

Straßensperre (f): road block, ***jdm. ins Netz gehen***: *to fall into sb.'s clutches*, ***So sieht man sich wieder***: *It's a small world*, **unschuldig**: innocent, **fliehen**: to flee, **schweigen**: to be silent, **dringend**: urgent, **Mordverdacht**: suspicion of murder, **Beziehung** (f): relationship, **Hauptschule** (f): type of secondary school, ***etw. nicht auf die Reihe kriegen***: *not being able to handle sth. successfully*, **Knast** (m): jail, **Körperverletzung** (f): assault, **Streit** (m): argument, **zuschlagen**: to punch, **kräftig**: strong, **Kerl** (m): fellow, **Zeuge** (m): witness, **Abmachung** (f): deal, **mitschuldig**: to be an accessory, **Hosentasche** (f): pocket, **sich erhängen**: to hang oneself, **Druck** (m): pressure, **Schuldgefühl** (n): guilty feeling, **schwören**: to swear, **Schutzgeld** (n): protection money, **jdn. loswerden**: to get rid of sb., **behalten**: to keep, **zählen**: to count, **beschlagnahmen**: to confiscate

Übung

1. Wo wurde Meinicke gefunden?

a) an einer Straßensperre

b) in einer Bar

c) bei einem Freund

2. Warum ist er geflohen?

a) er wollte einen Freund besuchen

b) er hatte Angst

c) er plante einen neuen Mord

3. Wer war Alef x Mullweg?

a) Meinickes Arbeitskollege

b) Meinickes Cousin

c) ein Freund von Meinicke

4. Was hat Mullweg getan?

a) er hat seine Ex-Freundin getötet

b) er hat Gold gestohlen

c) er hat Drogen verkauft

5. Was war die Abmachung zwischen Meinicke und Mullweg?

a) dass sie nicht zur Polizei gehen

b) dass sie nach Brasilien gehen

c) dass sie zusammen wohnen werden

12. Kaffee und Zigaretten

~

„Ich versteh' das alles nicht", sagte Baumgartner und starrte an die Decke.

„Glaubst du, Meinicke ist unschuldig?", fragte Kommissarin Katharina Momsen und setzte neuen Kaffee auf.

„Ich weiß es nicht. Wenn er die Wahrheit sagt, was hat sein Ring dann am Finger der Leiche gemacht?", fragte Baumgartner.

„Vielleicht wollte man ihm etwas anhängen?“, sagte er und zündete sich eine Zigarette an. Die Kaffeemaschine zischte und brodelte.

„Ein Motiv hat er jedenfalls nicht, und beweisen können wir auch nichts. Die Staatsanwaltschaft sagt, wir müssen ihn morgen früh gehen lassen“, sagte Katharina Momsen.

„Aber wer sollte ihm etwas anhängen wollen? Und warum?“, fragte Baumgartner, stand auf und goss Kaffee in seine Tasse.

„Keine Ahnung“, sagte Katharina Momsen.

„Hey!“, rief Baumgartner, machte eine schnelle Handbewegung und fegte seine Kaffeetasse auf den Boden.

„Na toll!“, sagte Katharina und starrte auf den schwarzen Teich, der sich langsam auf dem Küchenboden ausbreitete.

„Ruf mal die Hafenpolizei an und frag nach einem Herrn Kruse in Verbindung mit dem alten Yachthafen“, sagte Baumgartner.

„Und was ist damit?“, fragte Katharina und zeigte auf den Fußboden.

„Mach ich ...“, sagte Baumgartner und schob seine

Kollegin in Richtung des Telefons. „Komm schon, schnell!“

Baumgartner legte eine Rolle Küchenpapier auf den Kaffeefleck und wischte den Boden auf allen vieren.

Nach einer Weile kam Kommissarin Momsen zurück und sagte: „Es gibt keinen Kruse.“

Baumgartner stand auf, wischte seine Hände an einem Handtuch ab und sagte: „Was?“

„Laut unseren Kollegen ist der alte Yachthafen gesperrt. Da hat seit Jahren niemand mehr geankert“, sagte Katharina.

„Aber ich habe den Kruse und sein Boot mit eigenen Augen gesehen“, sagte Harald Baumgartner.

Katharina zuckte mit den Achseln und sagte: „Von einem Kruse wissen sie nichts. Aber sie suchen auch nach einem Boot!“

„Was für ein Boot?“, fragte Baumgartner.

„Ein Segelboot. Es wurde in Thessaloniki als gestohlen gemeldet und angeblich vor ein paar Tagen hier bei uns gesehen.“

„Auf welchen Namen geht das Boot?“, fragte Baumgartner.

„Agape“, sagte Kommissarin Momsen.

Baumgartner warf den Lappen in die Spüle und rannte zur Tür hinaus.

„Hey, warte!“, rief Katharina.

~

Verhör (n): interrogation, **Decke** (f): ceiling, **Kaffee aufsetzen**: to put coffee on (the stove), **Wahrheit** (f): truth, **jdm. etwas anhängen**: to pin sth. on sb., **zischen**: to hiss, **brodeln**: to seethe, **beweisen**: to prove, **Staatsanwaltschaft** (f): prosecution, **gießen**: to pour, **Handbewegung** (f): hand movement, **fegen**: to wipe, ***Na toll***: *Great* (ironic), **Teich** (m): pond, **Küchenboden** (m): kitchen floor, **ausbreiten**: to spread, **Verbindung** (f): connection, **schieben**: to shove, **auf allen vieren**: on all fours, **wischen**: to wipe, **laut**: according to, **angeblich**: allegedly, **Lappen** (m): rag, **Spüle** (f): sink

Übung

1. Wo sind die Kommissare?

a) im Büro

b) in einem Restaurant

c) in einem Café

2. Warum müssen sie Meinicke wieder gehen lassen?

a) er ist krank

b) es gibt kein Motiv und keine Beweise

c) er hat einen guten Anwalt

3. Wen ruft Kommissarin Momsen an?

a) die Gerichtsmedizin

b) die Hafenpolizei

c) die Staatsanwaltschaft

4. Was sucht die Hafenpolizei?

a) ein Motorboot

b) ein Schlauchboot

c) ein Segelboot

13. Wellenreiter

~

Kommissar Harald Baumgartner rannte über den Strand und sah, dass das Segelboot verschwunden war.

„Hey, Harald!“, rief Katharina hinter ihm.

Baumgartner stand gebeugt und keuchte, als Katharina ihn eingeholt hatte.

„Über alle sieben Berge“, sagte Harald und ließ

sich in den Sand fallen. „Pech gehabt."

„Moment mal ...", sagte Katharina und schaute zum Horizont.

„Was ist?", sagte Baumgartner zwischen zwei Atemzügen.

„Siehst du das?", fragte Katharina.

„Was?", fragte Baumgartner.

Kommissarin Katharina Momsen zog ein Fernglas aus ihrer Handtasche und gab es Baumgartner.

Als er das Boot erblickte, sprang er auf und rief: „Und jetzt?"

„Da vorne liegt ein Schlauchboot von der Küstenwache im Sand", rief Katharina.

Kommissar Baumgartner raste über den Sand und sprang in das Boot. „Abgeschlossen!", rief er.

„Ich kümmer' mich drum. Schieb mich ins Wasser!", sagte Katharina.

Als die ersten Wellen das Boot erfassten, sah Baumgartner wie Katharina das Schloss entfernte und mit einem Ruck am Startseil zog.

Als Baumgartner wieder im Boot saß, sprang der Motor an.

„Wie hast du das gemacht?", fragte er.

„Hat mir mein Neffe gezeigt", sagte sie und ließ

das Boot über die Wellen springen. „Siehst du ihn noch?“

Baumgartner blickte durch das Fernglas und sagte: „Ja, immer geradeaus!“

„Richtige Flaute heute“, sagte Katharina. „Hat der einen Außenborder?“

„Ich weiß nicht“, sagte Harald und folgte dem Segelboot mit dem Fernglas. „Wir kommen näher!“

Kommissarin Katharina Momsen beschleunigte und der Motor heulte auf. Baumgartner verlor das Gleichgewicht und fiel rückwärts in Boot.

„Entschuldigung“, rief sie über den Lärm des Außenborders, aber Baumgartner blickte nur nach vorne.

„Da! Nur noch ein paar hundert Meter“, rief er und positionierte sich am Bug des Schlauchboots. Der Außenborder kreischte, die Wellen peitschten in die Höhe und das Salzwasser spritzte Baumgartner in Augen, Mund und Nase.

Mit einem Knall kollidierte das Schlauchboot mit dem Segelboot. Kommissar Harald Baumgartner flog durch die Luft und landete auf harten Holzplanken.

Alles wurde schwarz.

Als er wieder zu sich kam, befand er sich in einem

dunklen Raum. Seine Hände und Füße waren an einen Stuhl gefesselt. Er hörte die Wellen von außen an den Rumpf schlagen.

Vor ihm im Dunkel leuchtete ein orangener Punkt. Es roch nach Tabak und Chemikalien.

„So sieht man sich wieder“, sagte eine Stimme.

„Was wollen Sie von mir?“, rief Baumgartner. „Lassen Sie mich gehen!“

Der Mann lachte.

„Wir wissen, dass Sie das Boot in Thessaloniki gestohlen haben“, sagte Baumgartner.

„Na und?“, sagte der Mann. „Sie wissen gar nichts!“

Harald Baumgartners Augen gewöhnten sich langsam an die Dunkelheit und er sah neben sich einen Tisch mit medizinischen Instrumenten.

„Ist das die Knochensäge, mit der sie Olga Ivanovich zerstückelt haben?“, sagte Baumgartner.

„Das war unser neustes Modell. Formschönes Design, ergonomischer Griff, starker Motor. Das geht selbst durch Elefantenknochen wie Butter“, sagte der Mann.

„Aber warum?“, rief Baumgartner.

„Sehen Sie das?“, sagte der Mann und zeigte auf

eine kleine Flasche. „Das ist Chloroform. Sie bekommen eine gute Dosis von mir und dann spüren Sie nichts mehr!"

„Aber warum Olga Ivanovich?", rief Baumgartner. „Und warum hier?"

„Eifersucht", sagte der Mann und zuckte mit den Achseln. „Die Firma war pleite, und ich brauchte die Kohle."

„Mit anderen Worten: Tarasov hat Sie dafür bezahlt seine Verlobte zu ermorden", sagte Baumgartner.

„So ähnlich", sagte der Mann und zündete eine neue Zigarette an.

„Und wie sind Sie an den Ring gekommen?", fragte Baumgartner.

„Leichen haben die unschöne Angewohnheit, dass sie gefunden werden, selbst wenn man sie in Teile zerlegt", sagte der Mann. „Zufälligerweise hatten Tarasovs Kollegen in Deutschland gerade einen gewissen Alex Mullweg umgebracht. Und sie wussten von seiner Verbindung mit Meinicke. Da kam der Ring sehr gelegen."

„Aber am Ende haben wir Sie doch gefunden", sagte Baumgartner.

„Was bedeutet das schon? In ein paar Stunden sind wir in Stockholm. Das heißt, ich bin in Stockholm und Sie liegen auf dem Meeresboden. Morgen geht mein Flug nach Uruguay."

„Sie Schwein!", rief Baumgartner und versuchte sich aus seinen Fesseln zu lösen.

„Es war angenehm mit Ihnen zu schwatzen, Herr Baumgartner, aber ich habe heute noch eine Operation vor mir. Sie entschuldigen bitte ...", sagte der Mann, nahm die Flasche Chloroform und befeuchtete einen Lappen, den er über Kommissar Baumgartners Gesicht legte.

Die beißende Chemikalie stieg sofort in Baumgartners Atemwege und alles drehte sich.

~

gebeugt: stooped, **keuchen**: to gasp, **jdn einholen**: to catch up with sb., ***über alle sieben Berge***: *over the hills and far away*, ***Pech gehabt***: *Rough luck*, **Horizont** (m): horizon, **Atemzug** (m): breath of air, **Fernglas** (m): binoculars, **Handtasche** (f): hand bag, **erblicken**: to get sight of, **Schlauchboot** (n): rubber dinghy, **Küstenwache** (f): coastguard, **rasen**: to dash, **sich um etw. kümmern**: to take care of sth., **erfassen**: to seize, **Schloss** (n): lock, **mit einem Ruck ziehen**: to wrench, **Startseil** (n): pull cord, **Neffe** (m): nephew, **Flaute** (f): calm (wind), **Außenborder** (m): outboard (motor), **beschleunigen**: to accelerate, **aufheulen**: to rev, **das Gleichgewicht verlieren**: to lose balance, **rückwärts**: backwards, **Lärm** (m): noise, **Bug** (m): bow, **kreischen**: to screech, **in die Höhe peitschen**: to whip into the air, **spritzen**: to splash, **kollidieren**: to collide, **zu sich kommen**: to come to, **sich befinden**: to be located, **fesseln**: to shackle, **sich an etw. gewöhnen**: to become accustomed to sth., **Knochensäge** (f): bone saw, **formschön**: shapely, **Griff** (m): handle, **Elefantenknochen** (m): elephant bone, **Dosis** (f): dosage, **Eifersucht** (f): jealousy, **Kohle**: money (coll.), ***so ähnlich***: *something like that*, **unschön**: unpleasant, **Angewohnheit** (f): habit, **zerlegen**: to disassemble, **jdn. umbringen**: to kill sb., **etwas kommt gelegen**: sth. is convenient, **Schwein** (n): pig, **Fesseln** (pl): schackles, **befeuchten**: to dampen, **beißend**: acrid, **Atemwege** (pl): respiratory passages, ***alles dreht sich***: *everything is spinning*

Übung

1. Wie viele Boote ankern im Yachthafen?

a) drei

b) zwei

c) keins

2. Wo ist das Segelboot *Agape*?

a) es segelt auf dem Meer

b) es existiert nicht

c) es liegt im Hafen

3. Warum hat Kruse Olga Ivanovich getötet?

a) damit Tarasov ihm Geld gibt

b) damit Tarasov ihn gehen lässt

c) weil er eifersüchtig auf Tarasov war

4. Was will Herr Kruse mit Baumgartner machen?

a) er will ihn zum Flughafen bringen

b) er will ihm Geld geben

c) er will ihn töten

14. Verdienter Urlaub

~

Harald Baumgartner öffnete die Augen. Er befand sich in einem Hotelzimmer. Sein Kopf schmerzte.

„Guten Morgen!“, rief Katharina Momsen.

„Was ist passiert?“, fragte Harald und rieb sich den Kopf.

Katharina gab ihm ein Glas Wasser und sagte: „Als

du an Bord des Segelbootes gegangen bist, habe ich die Küstenwache alarmiert. Der Helikopter kam gerade rechtzeitig."

„Und?", fragte Baumgartner und trank einen Schluck Wasser.

„Er hat alles gestanden", sagte Katharina.

„Gut. Aber warum bin ich im Hotel?", fragte Harald und ließ sich in die Kissen fallen.

„Du hast einen großen Fisch gefangen. Der Mann, der sich Kruse nannte, heißt in Wirklichkeit Hartmut Hartwecker. Er hat Medizin studiert, im fünften Semester abgebrochen, ist dann nach Griechenland gegangen und hat eine Fabrik für Medizintechnik hochgezogen. Die Kohle dafür kam von ukrainischen Ölmagnaten. Aber er konnte seine Schulden nicht zahlen, und man hat ihm Tarasov auf den Hals gehetzt. Als Tarasov sah, dass Hartwecker komplett pleite war, machte er ihm ein Angebot. Hartwecker sollte Tarasovs Verlobte Olga Ivanovich loswerden, im Gegenzug würde er ihn laufen lassen. Die griechische Polizei hat Wind von der Sache bekommen und Hartwecker ist in einem gestohlenen Boot geflohen."

Kommisar Harald Baumgartner schüttelte den Kopf und sagte: „Du hast nicht auf meine Frage geantwortet!“

„Ah, das Hotel? Das geht auf Kosten der Staatsanwaltschaft. Das ist ein internationaler Fall und lässt unsere deutsche Kriminalpolizei sehr gut aussehen. Deshalb haben sie dir eine Woche im Strandhotel spendiert, mit Meerblick“, sagte Katharina

„Du meinst, ich habe endlich Urlaub?“, sagte er.

„Sieht ganz so aus“, sagte Kommissarin Momsen. „Oh, und noch was ...“

„Ja?“, sagte Harald Baumgartner.

„Ich habe noch kein Danke gehört“, sagte sie.

Baumgartner sagte: „Du hast mir schon so oft das Leben gerettet, macht das noch einen Unterschied?“

„Wie bitte?“, sagte Katharina. „Ich habe das akustisch nicht verstanden.“

Baumgartner seufzte und sagte leise: „Danke.“

„Na also, geht doch“, sagte Katharina und lächelte.

~

schmerzen: to hurt, **reiben**: to rub, **gerade rechtzeitig**: just in time, **gestehen**: to confess, **Kissen** (pl): pillows, **Fabrik** (f): factory, **Ölmagnat** (m): oil magnate, **Schulden** (pl): debts, ***jdm. jdn. auf den Hals hetzen****: to put sb. onto sb.*, **Angebot** (n): offer, **im Gegenzug**: in return, ***Wind von etw. bekommen****: to get wind of sth.*, **Fall** (m): case, **jdm. etw. spendieren**: to treat sb. to sth., **Meerblick** (m): ocean view, **Leben** (n): life, **retten**: to save, **Unterschied** (m): difference, ***Geht doch!****: There we go!*

Übung

1. Wo wacht Harald Baumgartner auf?

a) zu Hause

b) im Hotel

c) am Strand

2. Wie heißt Herr Kruse wirklich?

a) Harry Hartwäcker

b) Hartmut Hartwecker

c) Harald Hartweicker

3. Was hat Hartwecker in Griechenland gemacht?

a) er hatte eine Firma für Medizintechnik

b) er hatte einen Frisörsalon

c) er hatte einen Metzgerladen

4. Wer bezahlt für Baumgartners Hotelzimmer?

a) die Staatsanwaltschaft

b) Katharina Momsen

c) die Krankenkasse

Answer Key / Lösungen

1. a, b, c, a
2. a, c, a, d
3. a, b, a, c
4. b, c, b, a
5. a, b, a, b
6. b, c, b, a
7. a, c, a, a
8. c, a, b, c
9. a, a, c, c
10. a, c, a, c
11. a, b, c, a, a
12. a, b, b, c
13. c, a, a/b, c
14. b, b, a, a

Acknowledgements

A big thank you to everyone who contributed constructive feedback and editing along the way.

Special thanks to Karl H. Graf, Michael S. Meglathery, Florian Liendl, William E. Butler, Martin Scudamore, Violet Wong, Janet Schwarzentraub, Robert Brooks, Rosemarie Johnson, Timothy Fuller and Niklas Pedersen.

This book is an independent production. Did you find any typos or broken links? Send an email to the author at andre@learnoutlive.com and if your suggestion makes it into the next edition, your name will be mentioned here.

About the Author

André Klein was born in Germany and lived all over the world, including Thailand, Sweden and Israel. He is the author of various language learning materials, short stories, picture books and non-fiction works in English and German.

Website: andreklein.net
Twitter: twitter.com/barrencode
Blog: learnoutlive.com/blog

Collect all Baumgartner & Momsen Episodes

He is a grumpy old-fashioned flatfoot with an infallible instinct for catching killers, she's a sassy sleuth and a cold sober markswoman. Get all the adventures of Kommissar Baumgartner and his colleague Kommissarin Katharina Momsen now and learn German effortlessly with special emphasis on idioms and natural language crammed with humor and suspense.

Episode 1: *Mord Am Morgen*

In an abandoned house at the outskirts of a small town, an unidentified body has been found. Can you help Kommissar Harald Baumgartner and his colleague Katharina Momsen solve this case and improve your vocabulary along the way?

available as ebook & paperback

Episode 3: *Des Spielers Tod*

In a seedy internet café the dead body of a teenager is found. What caused his death? Did he die from exhaustion or was it murder? Help Kommissar Baumgartner and his colleague Katharina Momsen unravel this mystery and improve your vocabulary at the same time!

available as ebook & paperback

Episode 4: *Zum Bärenhaus*

In the local zoo a corpse is found in the Panda enclosure. How did it get there? Was it an accident or ruthless murder? Help Kommissar Baumgartner and his colleague Katharina Momsen solve this case and improve your German effortlessly.

available as ebook & paperback

Episode 5: *Heidis Frühstück*

When a loyal family dog comes upon a human ear in its feeding dish one morning, the police is notified immediately, but due to a sudden change in staff, the investigation proceeds only haltingly. Help Kommissar Baumgartner and Kommissarin Momsen solve this case and improve your German effortlessly along the way!

available as ebook & paperback

Get Free News & Updates

Go to the address below and sign up for free to receive irregular updates about new German related ebooks, free promotions and more:

www.learnoutlive.com/german-newsletter

We're also on Facebook and Twitter:
Visit us at facebook.com/**LearnOutLiveGerman** or twitter.com/**_learn_german**

You Might Also Like ...

This interactive adventure book for German learners puts you, the reader, at the heart of the action. Boost your grammar by engaging in sword fights, improve your conversation skills by interacting with interesting people and enhance your vocabulary while exploring forests and dungeons.

available as paperback and ebook

Newly arrived in Berlin, a young man from Sicily is thrown headlong into an unfamiliar urban lifestyle of unkempt bachelor pads, evanescent romances and cosmopolitan encounters of the strangest kind. How does he manage the new language? Will he find work?

available as paperback and ebook

A picture book for the young and young at heart about an unusual friendship between two pets.

available as paperback and ebook

Help Bert unravel the mystery of the book-threatening "reading machine". What does it want? Where does it come from? And will he be able to protect his leather-bound friends from its hungry jaws?

available as paperback and ebook

Thank you for supporting independent publishing.

learnoutlive.com

Printed in Great Britain
by Amazon